◎体系完备 ◎技道结合 ◎图文互

篆刻小叢書

印人画像

吴 隐 编

浙江人民美术出版社

出版说明

吴隐（1867—1922），字遁盦，号石潜，又号潜泉，浙江绍兴人，西泠印社创始人之一。平生工书画，善刻印，著有《古陶存》《古砖存》《古泉存》《印学丛书》等。

因深感印学之重要，吴隐在组织成立西泠印社之余，还拿出自己珍藏的二十八幅印人像，"橅勒贞石，嵌奉仰贤亭，以志模范"，其中各像均有题辞或传。仰贤亭在今西泠印社内。这二十八位印人分别是丁敬、高凤翰、金农、郑燮、汪启淑、桂馥、张燕昌、邓琰、蒋仁、黄钺、巴慰祖、黄易、奚冈、伊秉绶、陈豫钟、文鼎、陈鸿寿、张廷济、包世臣、屠倬、赵之琛、杨澥、吴让之、吴咨、钱松、徐三庚、赵之谦和释达受。

本书即是这些印人像集。此次再版，我们将图像进行了反白处理，题辞和小传则予以句读；另外在大部分印人的正文后，附该印人所刻印章若干，以便读者阅览欣赏。此外，限于资源或版面需要，所选印章，部分非原大，特此说明，敬请读者谅解。

艺文类聚金石书画馆

2023年9月

目　录

吴昌硕序……………………………………………… 001
印人象石刻前序………………………………………… 001

01　丁敬……………………………………………… 003
　　附　丁敬印选………………………………………… 007
02　高凤翰……………………………………………… 011
　　附　高凤翰印选……………………………………… 014
03　金农……………………………………………… 017
　　附　金农印选………………………………………… 020
04　郑燮……………………………………………… 023
　　附　郑燮印选………………………………………… 026
05　汪启淑……………………………………………… 029
　　附　汪启淑印选……………………………………… 031
06　桂馥……………………………………………… 032
　　附　桂馥印选………………………………………… 035
07　张燕昌……………………………………………… 037
　　附　张燕昌印选……………………………………… 040
08　邓琰……………………………………………… 043
　　附　邓琰印选………………………………………… 046

09 蒋仁 …… 047

附 蒋仁印选 …… 050

10 黄钺 …… 052

附 黄钺印选 …… 054

11 巴慰祖 …… 055

附 巴慰祖印选 …… 058

12 黄易 …… 059

附 黄易印选 …… 062

13 奚冈 …… 065

附 奚冈印选 …… 068

14 伊秉绶 …… 070

15 陈豫钟 …… 073

附 陈豫钟印选 …… 076

16 文鼎 …… 079

附 文鼎印选 …… 082

17 陈鸿寿 …… 083

附 陈鸿寿印选 …… 086

18 张廷济 …… 089

19 包世臣 …… 092

20 屠倬 …… 095

附 屠倬印选 …… 098

21 赵之琛 …… 099

附 赵之琛印选 …… 102

22　杨澥……………………………………………………………… 105
附　杨澥印选………………………………………………………… 108
23　吴让之…………………………………………………………… 109
附　吴让之印选……………………………………………………… 112
24　吴咨……………………………………………………………… 115
附　吴咨印选………………………………………………………… 118
25　钱松……………………………………………………………… 121
附　钱松印选………………………………………………………… 124
26　徐三庚…………………………………………………………… 127
附　徐三庚印选……………………………………………………… 130
27　赵之谦…………………………………………………………… 133
附　赵之谦印选……………………………………………………… 136
28　释达受…………………………………………………………… 139
附　释达受印选……………………………………………………… 142

朱景彝跋……………………………………………………………… 144

吴昌硕序

吾宗石潜同社，集廿八印人像，勒之贞石，嵌奉印社仰贤亭，以垂永久。灿光芒于列宿，切仰止于高山。彼七贤六逸，不能媲美于前矣。印镫续焰，微吾石潜曷属焉？上元甲寅嘉平月，安吉吴昌硕时年七十有二。

印人象石刻前序

古文之存于今，廑矣。彝器款识而外，唯秦汉玺印。耆古者博收而详考之，可以明六书之通变，溯二篆之本原，其关系职官氏族之学犹末也，而可以雕虫小技薄之耶？不有印人，孰传印学？不有印社，曷集印人？蒙生也晚，不获亲炙乡邦先哲而挹其丰采，聆其绪论。自束发受书，迄今廿余年，一知半解，得力于良友之切劘。盖营道同术，先后通缟纻、共晨夕者，偻指十数子。古所谓金石交，庶乎近焉！《礼·儒行》云："今人与居，古人与稽。"爰谋所与居者，于孤山之麓拓地数亩，鸠工庀材，约之椓之，乃慰乃止，名曰西泠印社。社之中凡所建置，曰仰贤亭，曰山川雨露图书室，曰石交亭，曰心心室，曰斯文奥，曰宝印山房，曰藏书处，曰剔藓亭，曰题襟馆。距楼不数武，有四照阁故址，阁久废，今葺而新之。有径一，曰鸿雪。泉二，曰印泉、文泉。印泉，盖新凿也。始事乙巳春，迄甲寅春，庚蟀十易，微吾同社诸君子通财合作，或犹未遽及此。蒙之奔走微劳，宁足录焉？社既成，推安吉吴君昌硕为社长，俾厘定社约，提倡社政。复出旧藏印人真像二十有八，橅勒贞石，嵌奉仰贤亭，以志模范。夫印人之铮佼并世，与夫蒙所仰止景行者，二十八人之外，宁可一二数？它日求得遗象而增益之，并扩充印社之范围，尤吾同社诸君子是赖。《诗》不云乎？“它山之石，可以攻玉。”《鲁论》曰：“君子以文会友，以友辅仁。”仁者，兼德行道艺而言之者也。印社之集，亦以文会友之志也。吾同社诸君子诚能切磋琢磨，精益求精，蕲于艺，进乎道，以引翼先哲之绪，而昌明廑存之古文，则吾印学家之西泠，谓即文学家之桐城、阳湖，理学家之鹅湖、鹿洞可也，而可以雕虫小技薄之耶？印社卜筑之初，同时建议者仁和叶君铭、王君寿祺，钱塘丁君仁，例合并书，以志雅谊。甲寅夏，山阴吴隐记。

01

丁敬

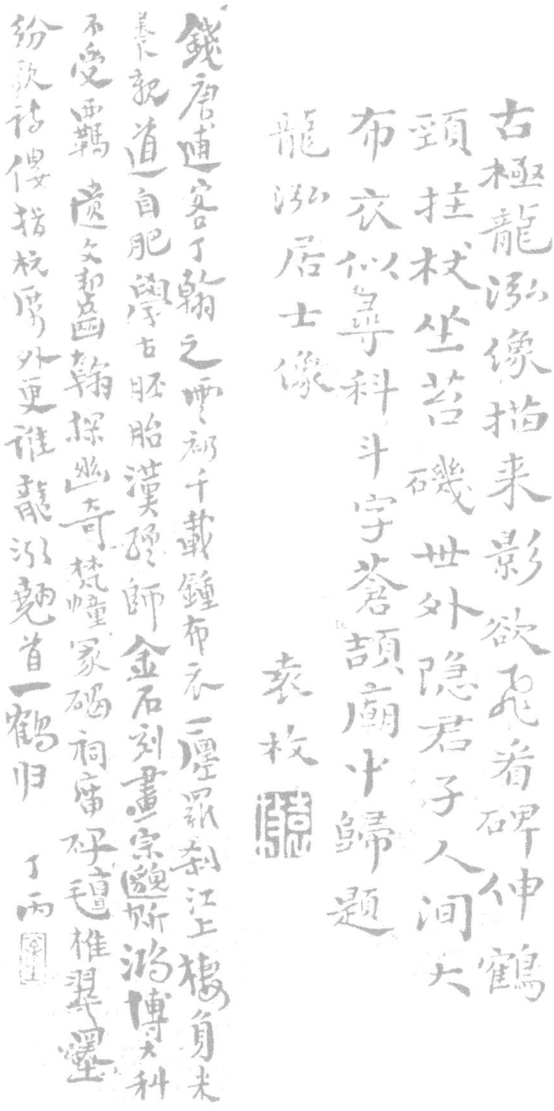
古極龍泓像描来影欲飛看碑仲鶴
頭拄杖坐苔磯世外隱君子人间大
布衣似尋科斗字蒼頡廟中歸題
龍泓居士像
袁枚
丁丙

丁研林先生像

古极龙泓像，描来影欲飞。看碑伸鹤颈，拄杖坐苔矶。
世外隐君子，人间大布衣。似寻科斗字，苍颉庙中归。

题龙泓居士像，袁枚

钱唐逋客丁翰之，云礽千载钟布衣。
一廛罗刹江上栖，负米养亲道自肥。
学古胚胎汉经师，金石刻画宗邈斯。
鸿博大科不受羁，遗文啮翰探幽奇。
梵幢冢碣祠庙碑，毡椎翠墨纷歌诗。
偻指杭厉外更谁？龙泓翘首一鹤归。

丁　丙

风度模前哲，高怀足性真。读书行负米，求古独披榛。
晚岁贶逾甚，珍储笑付人。翛然出云表，应是葛天民。吾友语溪胡匊邻，刻征君尺牍一通，拓本见贻，云人事相贶，老病不支，以宋拓《醴泉铭》、端溪蕉白石付其至友藏弆。

叶子吾邦彦，征题意可知。少孤贫亦乐，力学母兼师。
养志贻谋慰，论交介节持。非徒金石癖，仰止寄遐思。

檗新兄属题，即希正是。戊戌三月，高保康

君名敬，字敬身，一字砚林，号钝丁，又号龙泓山人，钱唐布衣，隐市廛。好金石文字，穷岩绝壁，手自榺拓，著《武林金石志》。工分隶篆刻。生于康熙乙亥，卒于乾隆乙酉。著有《砚林集》。

石潜仁兄以费晓楼所摹研林先生遗象属题，为录小传应之。吕庐王同

附 丁敬印选

一味清净心坠法门

以诗为佛事

丁敬之印

只寄得相思一点

无所住盦

文章有神交有道

洗句亭

西湖禅和

绮石斋

砚林丙后之作

烟云供养

苔花老屋

莲身居士

我是如来最小之弟

岭上白云

龙泓馆印

才与不才

飞鸿堂藏

上下钓鱼山人

采菊东篱下悠然见南山

02

高凤翰

高鳳翰字西園號南阜山人濟甯州人豪於詩酒工書畫印章
全法秦漢蒼古樸茂舉賢良官至績溪令忌者讒之罷歸益
放情江湖閑性看硯所藏皆手自琢銘著有硯史岫雲鴻爪等集
揮灑千言　賢良一等　豪情弦詩　餘事撫印
東魯多賢　道以藝進　冬卉青雷　庶幾後勁
甲寅閏五夔笙況周頤

南阜山人小像

高凤翰，字西园，号南阜山人，济宁州人。豪于诗酒，工书画。印章全法秦汉，苍古朴茂。举贤良，官至绩溪令。忌者谗之，罢归，益放情江湖间。性耆砚，所藏皆手自琢詺。著有《砚史》《岫云》《鸿爪》等集。

挥洒千言，贤良一等。豪情弦诗，余事橅印。

东鲁多贤，道以艺进。冬卉青雷，庶几后劲。

甲寅闰五，夔笙况周颐

附　高凤翰印选

高凤翰印

世情付与东流水

利市秀才

南窗寄傲

寄兴

左臂

檗下琴

高凤翰印

学以静为本

杏花春雨江南

挥毫落纸如云烟

潇洒在风尘

03

金农

堯之外臣漢逸民著簪[illegible]帶
不諱貧疎髯高額全天真半
生舟楫蹄與輪詩名到處傳千
春蒲州鐂仲益題

金農字壽門號冬心又號稽留山民錢塘布衣游寓揚州印章
擺脫文何浸淫秦漢
山陰織雲女史孫錦

冬心先生四十七岁小像

尧之外臣汉逸民，著簪韦带不讳贫。

疏髯高颡全天真，半生舟楫蹄与轮，诗名到处传千春。

蒲州刘仲益题

金农，字寿门，号冬心，又号稽留山民，钱塘布衣，游寓扬州。印章摆脱文何，浸淫秦汉。

山阴织云女史孙锦

附　金农印选

生于丁卯

金司农印

冬心先生

一日清闲一日仙

得句先呈佛

金农印信

金氏寿门书画

布衣三老

金氏冬心斋印

努力加餐饭

金农私印

金吉金印

百二研田富翁

临池

04

郑燮

板橋興化人乾隆丙辰進士風流雅謔
極有書名狂草古籀一字一筆兼眾妙
之長詩詞亦不屑作熟語為人慷慨嘯
傲超越流輩印章筆力樸古逼近
文何知山東縣事後以病歸遂不復出
辛酉三月古杭俞遜敬書

板桥道人小景

板桥，兴化人，乾隆丙辰进士。风流雅谑，极有书名。狂草古籀，一字一笔，兼众妙之长。诗词亦不屑作熟语。为人慷慨啸傲，超越流辈。印章笔力朴古，逼近文何。知山东县事，后以病归，遂不复出。

辛酉三月，古杭俞逊敬书

郑燮，字克柔，号板桥，兴化人，进士，官知县。《先正事略》云："为人疏宕洒脱，而天性极厚。"刻印气息醇厚，而边款饶疏宕之致，可想见其为人。道人之画，工兰竹；道人之书，参隶真；道人刻印，兼书画之精神，而直追汉与秦。其醇厚与疏宕，殆仿佛其为人，宜乎。世不多觏，是固希世之珍。

辛酉三月，仁和郑遗孙

附　郑燮印选

风尘俗吏

郑燮印

以天得古

樗散

板桥

兴化人

郑燮之印

吃饭穿衣

老画师

借书传画

书画悦心情

板桥道人

郑为东道主

05

汪启淑

汪砂游子俦峰骈諛會歃人世業冰籲以

賞為戶部郎採雅者古尤癖印章纂集凡

鳴堂印諺五集其所延六卓狀各家

者鳳鷟文采飛騰如品題瓊琚銀

艾緩珥字爨芝泥覽秘竊蝌蚪捣

材遠象犀柩母楊煇印長睨或梅豁

錢掐豁看漢揚煇印先生長睨欲白之

三十五為暮仲 霞子回張堅

鈕

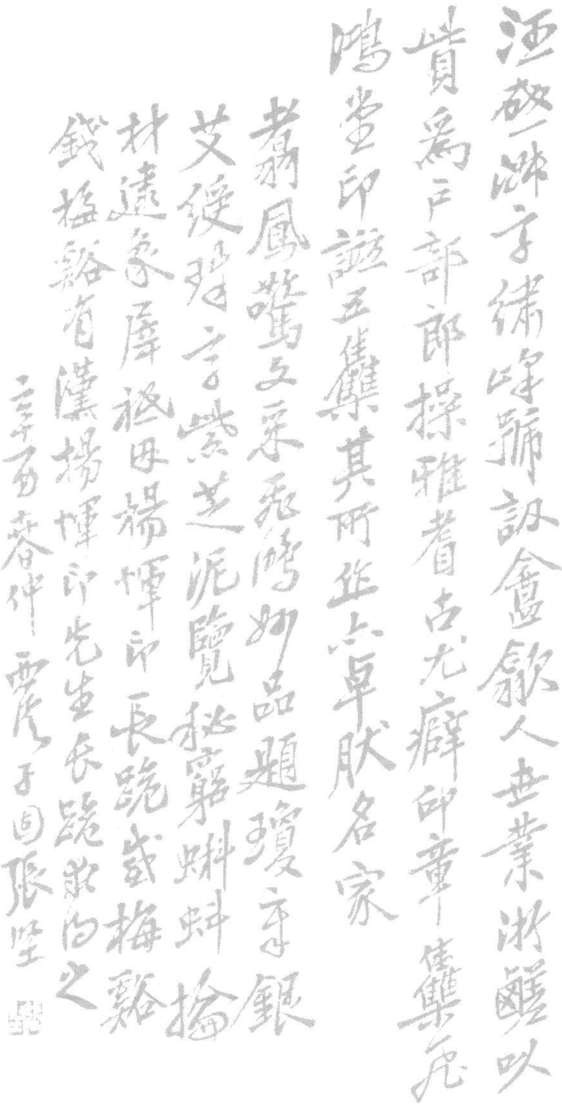

秀峰先生三十岁小景

汪启淑，字秀峰，号讱盦，歙人，世业浙盐，以赀为户部郎。操雅耆古，尤癖印章，集《飞鸿堂印谱》五集。其所作亦卓然名家。

翥凤惊文采，飞鸿妙品题。琼章银艾绶，珠字紫芝泥。

览秘穷蝌蚪，抡材逮象犀。只因杨恽印，长跪钱梅溪。钱梅溪有汉杨恽印，先生长跪求得之。

辛酉春仲，西泠子固张坚

附　汪启淑印选

濮氏孚柱

06 桂馥

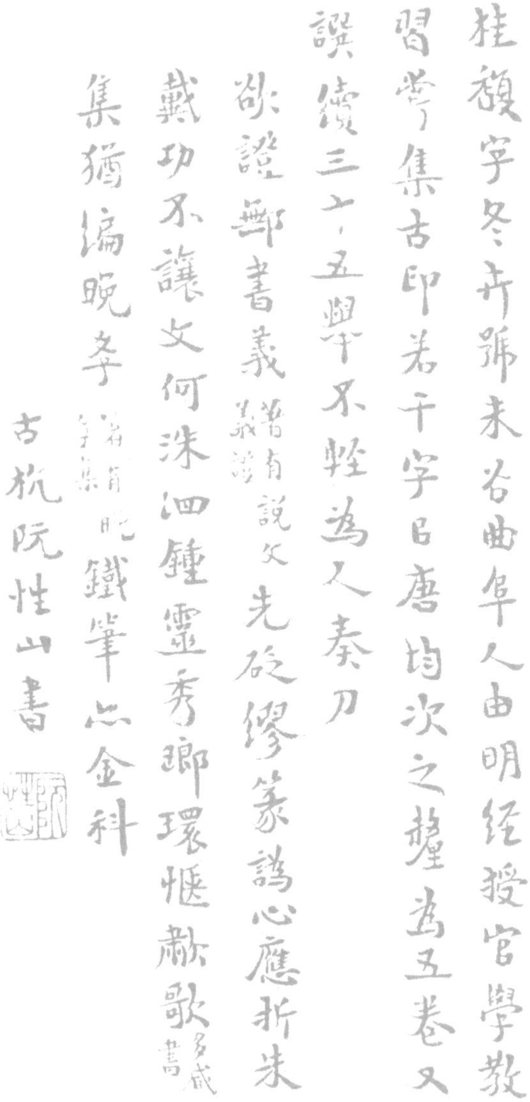
桂馥字冬卉號未谷曲阜人由明經授官學教
習嘗集古印若干字呂唐均次之擘為五卷又
譔續三十五舉不輕為人奏刀
欲證鄭書義著有說文義證先啟繆篆諧心應折朱
戴功不讓文何洙泗鍾靈秀瑯環愜獻歌多藏書
集猶編晚年著有晚學集鐵筆忘金科
古杭阮性山書

耒谷先生七十岁小象

桂馥，字冬卉，号未谷，曲阜人，由明经授官学教习。尝集古印若干字，以唐韵次之，厘为五卷；又撰《续三十五举》。不轻为人奏刀。

欲证许书义著有《说文义证》，先砭缪篆讹。

心应折朱戴，功不让文何。

洙泗钟灵秀，琅环惬啸歌多成书。

集犹编晚学著有《晚学集》，铁笔亦金科。

古杭阮性山书

附　桂馥印选

桂馥之印

桂馥信印

未谷

长安策蹇人

十虔竹

未谷八分

时月不见黄叔度则鄙吝之心复生矣

07

张燕昌

張燕昌字芑堂手有魚文因號文魚
又號金粟山人海鹽貢生嘉慶丙辰
孝廉甲戌卒年七十七生平篤于行
誼善八分飛白行楷書工畫蘭著有
金石契飛白書錄石鼓文釋存甲寅
三月錢唐丁仁書于小龍泓館

芑堂先生七十七岁遗像

张燕昌，字芑堂，手有鱼文，因号文鱼，又号金粟山人，海盐贡生，嘉庆丙辰孝廉。甲戌卒，年七十七。生平笃于行谊。善八分、飞白、行、楷书，工画兰。著有《金石契》《飞白书录》《石鼓文释存》。

甲寅三月钱唐丁仁书于小龙泓馆

文鱼瑑刻为龙泓高弟，瓣香何主臣、苏啸民。著有《金石契》《芑堂印存》。

芑堂印学，何苏之流。羚羊挂角，其迹可求。

问业龙泓，南瓜为贽。方驾小松，庶几回赐。芑堂从龙泓游，初及门，囊二南瓜为贽，龙泓欣然受之。见叶茗生《鸥陂渔话》。

石潜社兄以所撰《印人小传》属题，即乞正字。乙卯冬，松雪叶希明书

附　张燕昌印选

梦禅居士

翼　之

金石契

听碧处

心太平斋

乐夫天命

印心斋

南白

古愚

汪嘉谷印

兔床山人八十外
之作

08

邓琰

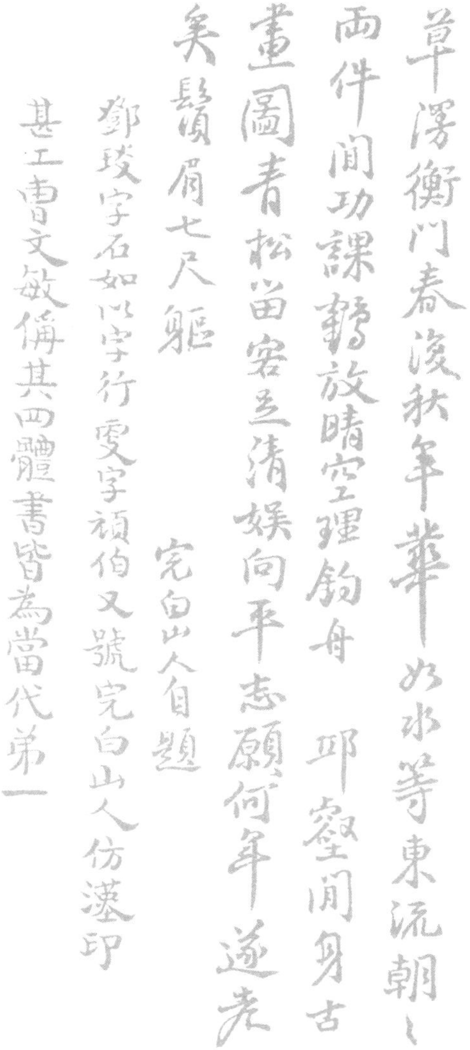

兩件閒功課鶴放晴空理釣舟 邓琰閒身古
畫圖青松當窗立清娛向平志願何年遂
矣鬚眉七尺軀
完白山人自題
鄧琰字石如以字行更字頑伯又號完白山人仿
甚工書文敏備其四體書皆為當代第一

山人小像

草漫衡门春复秋，年华如水等东流。
朝朝两件闲功课，鹤放晴空理钓舟。

邱壑闲身古画图，青松留客足清娱。
向平志愿何年遂，老矣须眉七尺躯。

完白山人自题

邓琰，字石如，以字行，更字顽伯，又号完白山人。仿汉印甚工。曹文敏称其四体书皆为当代第一。

附　邓琰印选

二分明月一声箫

兰为知己

以书自娱

完白山人

邓石如字顽伯

家在龙山凤水

人随明月月随人

知音者芳心自同

日日湖山日日春

09 蒋仁

蒋仁號山堂又號吉羅居士女牀山民性迂僻寡言笑工書法閒作小詩篆刻古雅

艮山郭門外栖隱孰爲鄰入世嫌迂僻斯人葆性真摹奇漢前字投老幕中賓珍重鈐紅舊瓊文此間津

辛酉四月緇雲樓邵丁書

山堂先生五十三岁象

蒋仁，号山堂，又号吉罗居士、女床山民。性迂僻，寡言笑。工书法，闲作小诗，篆刻古雅。

艮山郭门外，栖隐孰为邻？入世嫌迂僻，斯人葆性真。

搜奇汉前字，投老幕中宾。珍重钤红旧，琼文此问津。

辛酉四月，缙云楼郙书

附　蒋仁印选

云林堂

净土

妙香龛

如是

康节后人

山堂

昌化胡栗

物外日月本不忘

蒋仁印

蒋山堂印

雪香

项墉之印

10

黄钺

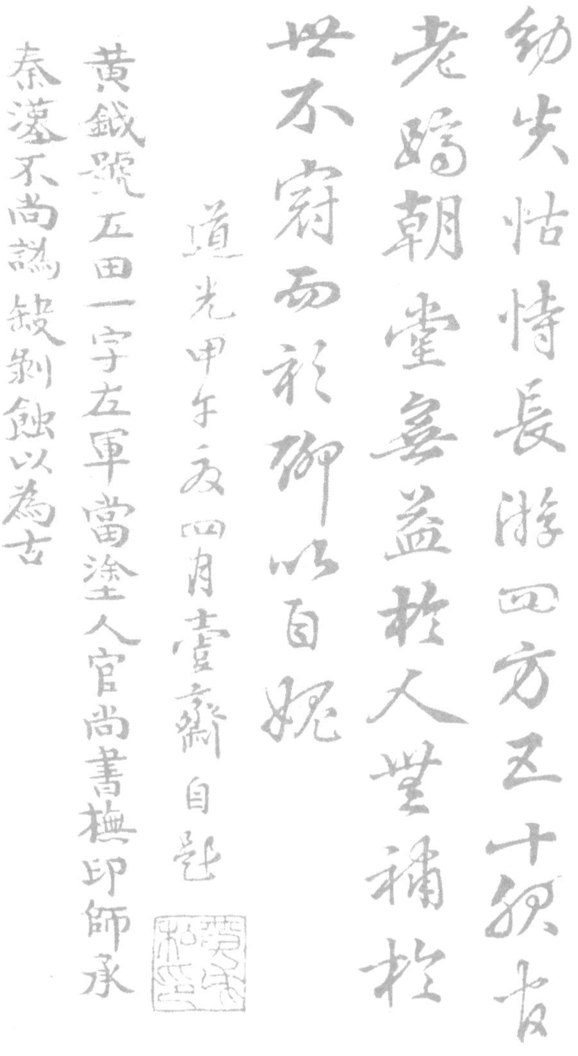
幼失怙恃長游四方五十須皮
老歸朝堂無益於人無補於
世不窮而於卿以自娛
道光甲午夏四月壹齋自題
黃鉞號左田一字左軍當塗人官尚書橅印師承
秦漢不尚譌鈹剝蝕以為古

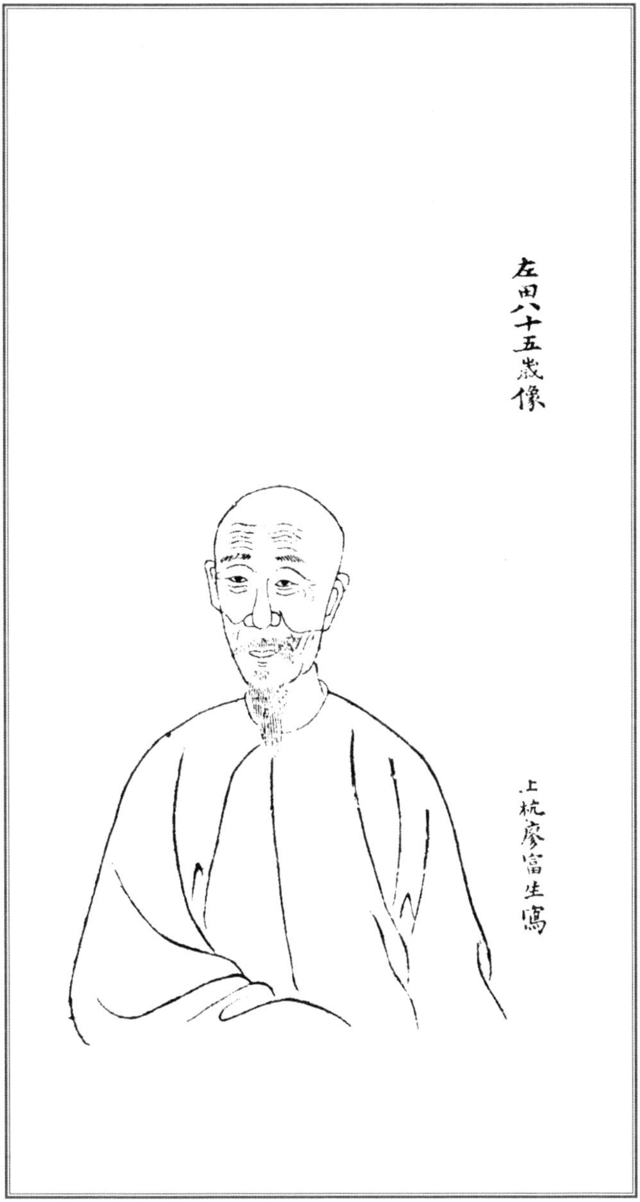

左田八十五岁像

幼失怙恃，长游四方。五十服官，老跻朝堂。

无益于人，无补于世。不冠而衫，聊以自愧。

道光甲午夏四月，壹斋自题

黄钺，号左田，一字左军，当涂人，官尚书。樵印师承秦汉，不尚讹缺剥蚀以为古。

附　黄钺印选

左歌右弦

秀峰

秀峰珍赏

11

巴慰祖

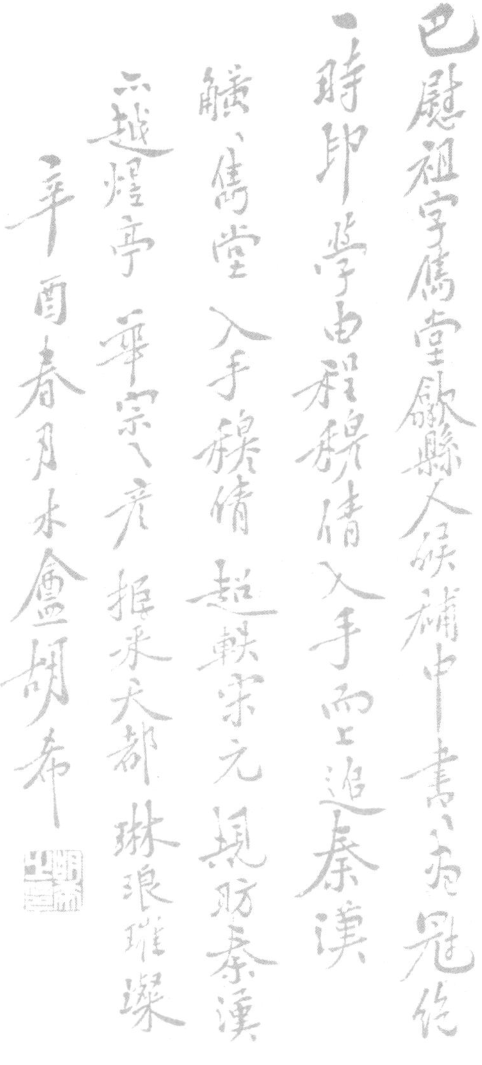
巴慰祖字雋堂歙縣人候補中書、為冠絕
一時即學由程穆倩入手而上追秦漢
觵、雋堂入手穆倩超軼宋元規撫秦漢
亦趨煋亭 垂宗之彥 振承天都 琳瑯璀璨
辛酉春月水盧胡布

雋堂先生五十玉照

巴慰祖，字隽堂，歙县人，候补中书。书画冠绝一时，印学由程穆倩入手，而上追秦汉。

觥觥隽堂，入手穆倩。超轶宋元，规昉秦汉。

亦越煜亭，华宗宗彦。拒采天都，琳琅璀璨。

辛酉春月，木盦胡希

附 巴慰祖印选

下里巴人

乃不知有汉无论魏晋

己卯优贡辛巳学廉

胡用涛玺

董洵之印

巴慰祖印

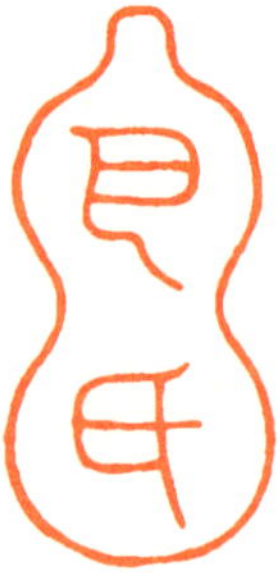
巴氏

胡唐印信

12 黄易

黄易字大易號小松仁和人諸人松石光生业子世善古文嗣工
丹青勅印嫥師秦漢曾問業龍泓山人兼工宋元純整正醬家
款識大入古雖習殉名官簿尉召給事畜仍不廢其風雅
印得龍泓法小清涼小松敞官儕帽常帶隱其蓉諳吕
銅軍縮而征鐵筆從訪碑变嵩各雜訪碑日記廿四臼雲峯
印學與金石學通小松癖印尤精箬人吕所作印諳舆
龍泓合編其見重可想印寅嬰閏五月錢塘王炳成爲
作小傳垃題

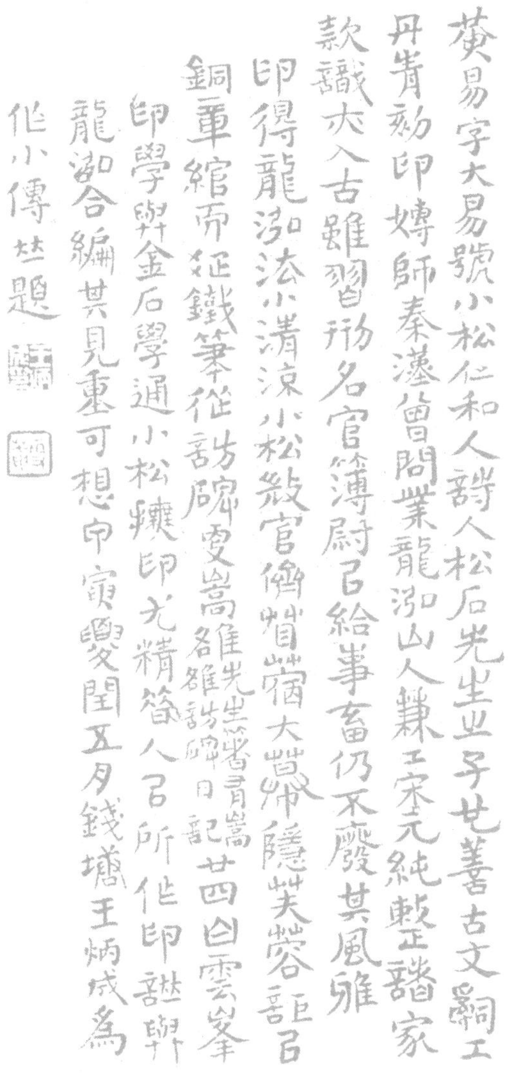

黄易三十六岁寻汉石经遗字时小像

黄易，字大易，号小松，仁和人，诗人松石先生之子也。善古文辞，工丹青。刻印媷师秦汉，曾问业龙泓山人，兼工宋元纯整诸家，款识亦入古。虽习刑名，官簿尉，以给事畜，仍不废其风雅。

印得龙泓法，小清凉小松。

微官侪苜蓿，大幕隐芙蓉。

讵以铜章绾，而疏铁笔从。

访碑更嵩雒先生著有《嵩雒访碑日记》，廿四白云峰。

印学与金石学通，小松橅印尤精，昔人以所作印谱与龙泓合编，其见重可想。

甲寅夏闰五月，钱塘王炳成为作小传并题

附　黄易印选

一不为少

冬岩书画

嘉谷私印

定斋

师竹斋

心迹双清

松窗

梅坪

梧桐乡人

琴书诗画巢

画秋亭长

莲湖

获二殊胜

萧然对此君

鹤林

魏成宪印

13 奚冈

奚岡字純章號鐵生錢塘布衣相傳先生年踰三十尚應童子試或誚之曰是非童讀如銅生乃鐵生因自號鐵生後以孝廉方正徵不就

鐵生先生工鐵筆鐵書畫有屈鐵力鐵畫不弱斯冰蹟徑寸出石連城直　甲寅閏夏作蒙泉外史傳費補摭軼聞實出呂贋

遯盦同社　命題

乙卯夏五人日桐城張祖翼書

铁生九兄遗影

奚冈，字纯章，号铁生，钱塘布衣。相传先生年踰三十，尚应童子试，或诮之曰："是非童读如铜生，乃铁生耳。"因自号铁生。后以孝廉方正征，不就。

铁生先生工铁笔，铁书乃有屈铁力。

铁画不弱斯冰迹，径寸之石连城直。

甲寅闰夏作蒙泉外史传赞，稍摭铁闻实之，以应遁盦同社命题。

乙卯夏正人日，桐城张祖翼书

附　奚冈印选

书不尽言言不尽意

奚冈私印

小年

山舟

接山草堂

用成

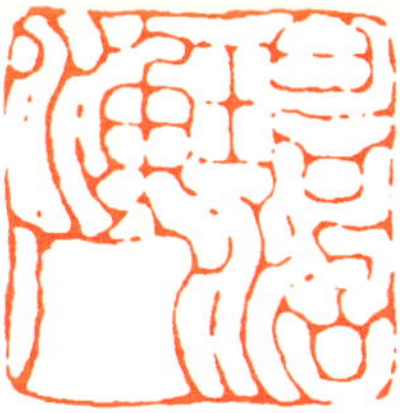

碧沼渔人

自得逍遥意

蒙泉外史

蒙老

藕塘书印

靖庵

14

伊秉绶

墨卿先生小像

伊秉绶，字组似，号墨卿，汀州人，乾隆辛酉进士。书似李西涯，尤精古隶。善铁笔，其所用印章皆自制。与桂未谷同，均不轻为人作。有《留春草堂集》。嘉庆乙亥卒，年六十二。

辛酉浴佛日，大兴戴书龄书

15

陈豫钟

陳豫鍾字浚儀號秋堂泉唐廩生精六書篆籀
李陽冰以漢人法刻古銅印極精妙
吾鄉陳上舍篆法李昜冰刻
古銅印能為續欿鐙椎碑響登
得罵座氣崚嶒名與酒奚竝當
年耐久朋
歲在辛酉三月竊其張惟彬識

秋堂六十五岁小象

15　陈豫钟

陈豫钟，字浚仪，号秋堂，泉唐廪生。精六书，瑑法李阳冰，以汉人法刻古铜印，极精妙。

吾乡陈上舍，篆法李阳冰。妙刻古铜印，能为续焰镫。

椎碑响登得，骂座气峻嶒。名与酒奚并，当年耐久朋。

岁在辛酉三月，韵蕉张惟楙识

附　陈豫钟印选

山阴灵芝乡人

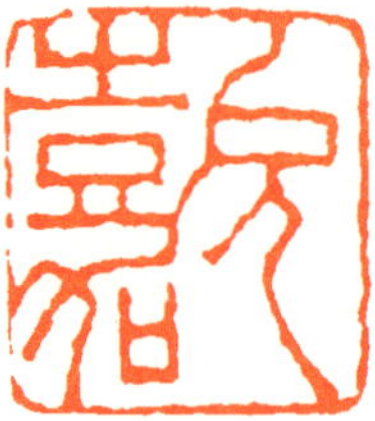

允嘉

文章有神交有道

施氏友泉

有琴有书

最爱热肠人

此情不已

澉水外史

玩物适情

琴坞

峄亭

钱唐胡氏珍藏

陈国观印

16 文鼎

文鼎字學匡號後山秀水人精於鑒別收藏金石書畫多上品善楷書及繪事篆刻工秀書畫得衡山之遺刻篆與三橋抗手美而彰之盛而傳斯之謂後來之秀

辛酉二月 竹人王雲書

后山先生八十七岁遗象

文鼎，字学匡，号后山，秀水人。精于鉴别，收藏金石书画多上品。善楷书及绘事，篆刻工秀。

书画得衡翁之遗，刻篆与三桥抗手。

美而彰亦盛而传，斯之谓后来之秀。

辛酉二月，竹人王云书

附　文鼎印选

张叔未

文　鼎

八砖精舍

17 陈鸿寿

陳鴻壽字子恭號曼生錢唐人嘉慶辛酉拔貢
生平於學多通工四體書刻印方雅有書卷清氣
奇才工露布餘事琢雲腴滌水儀徵幕紫
泥陽羨壺湖山供壯采書卷託清娛小束鈴
紅譜金鐵度尋無　甲寅三月
後學汪承啟敬題於小飛鴻堂

种榆道人三十九岁小象

陈鸿寿，字子恭，号曼生，钱唐人，嘉庆辛酉拔贡。生平于学多通，工四体书。刻印方雅，有书卷清气。

奇才工露布，余事琢云腴。渌水仪征幕，紫泥阳羡壶。

湖山供壮采，书卷托清娱。小束钤红谱，金针度得无。

甲寅三月，后学汪承启敬题于小飞鸿堂

附　陈鸿寿印选

万卷藏书宜子弟

不远复斋

封完印信

忆秋室

听香

小琅嬛仙馆

浓花澹柳钱唐

山舟

浓花野馆

种桃山馆

程邦宪印

白研斋

陈鸿寿印

西泠钓徒

论道当严取人当恕

18

张廷济

張廷濟字尗未嘉興人嘉慶戊午解元眉長寸餘瑩肰采
澤自號眉壽老人所藏金石甚富工楷隸刻印尤精
新篁里庭宇翠陰無價鼎彝歸賞識有人書畫借摹
臨幽事濟塵襟　清儀閣窮徧八甎吟玉叅璽文闌籀繆
綠窗春課琢瑽琳餘均到而今
倚調望江南題眉壽老人象
辛卯中夏天中前三日仁和健盦鄭道乾書于悔廬

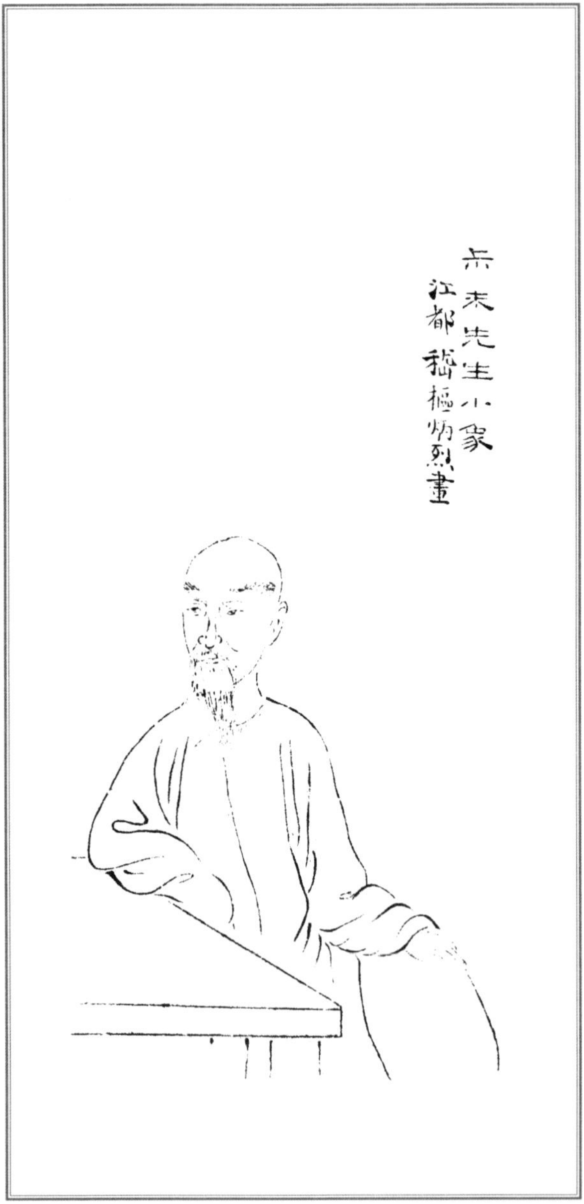

尗未先生小象

张廷济，字叔未，嘉兴人，嘉庆戊午解元。眉长寸余，莹然采泽，自号眉寿老人。所藏金石甚富。工楷隶，刻印尤精。

新篁里，庭宇翠阴阴。无价鼎彝归赏识，有人书画借摹临，幽事涤尘襟。　清仪阁，写遍八砖吟。玉券灵文窥籀缪，绿窗春课琢璆琳，余韵到而今。

双调《望江南》题眉寿老人象。辛卯中夏天中前三日，仁和健盦郑道乾书于悔庐

19

包世臣

雄文益世经国大猷联远
一犯著述手秋辨香珐叙
欹毛清姜景儿遠象绵丞
前脩　山陽丁晏拚兆

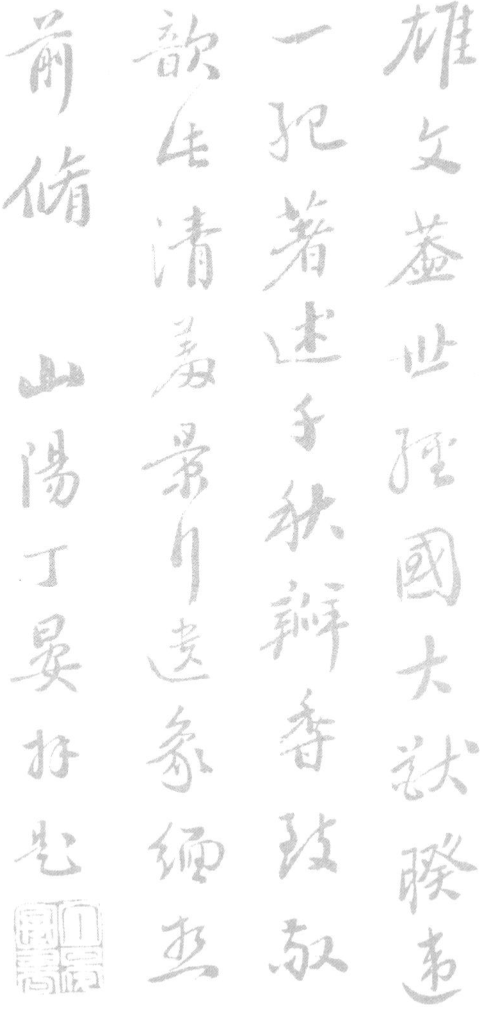

倦翁先生八十一岁遗象

雄文盖世，经国大猷。睽违一死，著述千秋。

瓣香致敬，歆此清羞。景行遗象，缅想前修。

山阳丁晏拜题

万理备物，六经作猷。举隅先导，吕氏春秋。

学原贵扩，教不贻羞。敬瞻矩度，岂曰容修。

高均儒

包世臣，字慎伯，晚号倦翁，泾县人。完白山人弟子，得邓派真传，书法、篆刻为当代推服。著《安吴四种》。

辛酉三月，叶舟

20 屠倬

屠倬字孟昭錢塘人原籍紹興之槑塢進士官太守工詩古文辭旁及書畫金石篆刻靡不深造

唱咏詩堂說是程夕陽茶塢按琴聲綠聽清課更鐫瓊 赤水才華翰俊逸紫泥封識媿瓏玲小園圖室做龍泓

槑塢有做鈍丁白文印文曰忠孝讀書勤儉積德邊款云乞子小園集室

減字浣谿沙 古杭丁上左湯題

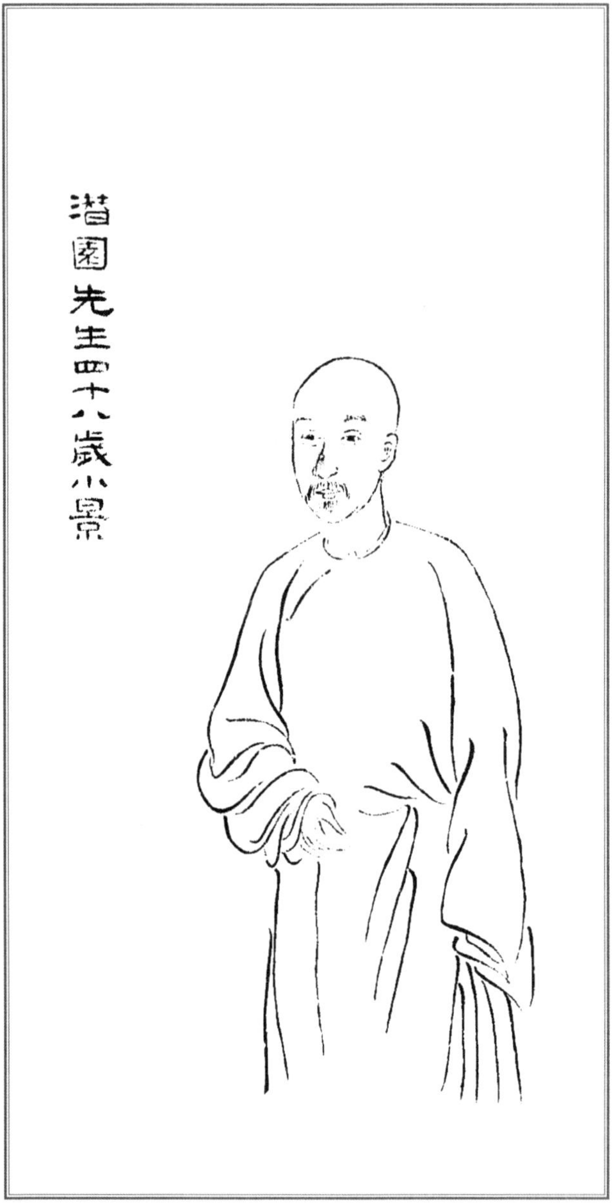

潜园先生四十八岁小景

屠倬，字孟昭，钱塘人，原籍绍兴之琴坞，进士，官太守。工诗、古文辞，旁及书画、金石瑑刻，靡不深造。

唱和诗堂说是程，夕阳苍坞按琴声，绿窗清课更镌琼。赤水才华输俊逸，紫泥封识愧珑玲，小团圞室仿龙泓。琴坞有仿钝丁白文印，文曰“忠孝读书，勤俭积德”，边款云“作于小团圞室”。

《减字浣溪沙》。古杭丁上左漫题

附　屠倬印选

查揆字佰葵印

忠孝读书勤俭积德

蒋村草堂

是程堂印

吾亦澹荡人

与鸥同梦

崇兰仙馆

21

赵之琛

趙之琛号次閑泉唐處士篆刻
得其鄉陳秋堂傳能書各家所
長曼生司馬首推之
庵有眾長
凝勁堅卓
次閑嗜古
終年廠門
偉哉鐵筆
自鐘鼎出
邃於金石
補羅迦室

豐樂鄉民范耀雯
十年五月

次闲道兄七十有二小象

赵之琛，号次闲，泉唐处士。篆刻得其乡陈秋堂传，能尽各家所长，曼生司马首推之。

奄有众长，伟哉铁笔。凝劲坚卓，自钟鼎出。

次闲耆古，邃于金石。终年煅门，补罗迦室。

丰乐乡民范耀雯，十年五月

附　赵之琛印选

乐琴书以消忧

好风相从

孝敬忠信为吉德

字曰嘉父

小鲁诗草

张叔未所藏宋本

心亦太平斋

惯迟作答爱书来

欲将书剑学从军

朝朝染翰

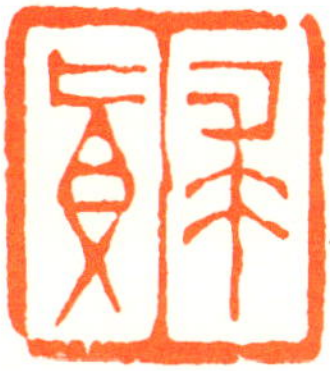

求真

湘南

神仙眷属

绪堂

袖中东海几上西湖

自怜无旧业不敢耻微官

青衫司马

高隐南屏小石门

22

杨澥

楊澥字竹唐號龍石吳江人善篆刻為江南第一名手

煙月無虹覓士家藥書並檢斷扁搬鄉邦顧云美沈秉時鐙傳在玉卷憑教覓十華

丙辰夏五海郁王緣時年七十有六

龙石老人七十玉照

22 杨澥

杨澥，字竹唐，号龙石，吴江人。善篆刻，为江南第一名手。

烟月垂虹处士家，蕊书芝检艳晁椵。

乡邦顾云美沈乘时镫传在，玉券凭教览十华。

丙辰夏五，渔村王缘时年七十有六

附　杨瀣印选

悦我生涯

津门金镕

昭文张约轩鉴定

23

吴让之

吳讓之元名廷颺又名熙載以字行儀徵
人揚州畫人邁世無與抗手者不以畫、不以印
讓以藝事刻印第一鄧派嫡傳
入安吳室亦工書畫未若鐵筆
名父之子雪陶秀出
辛酉清和會稽胡宗成

晚学居士七十二岁象

吴让之，元名廷飏，又名熙载，以字行，仪征人。扬多画人，并世无与抗手。书不如画，画不如印。

让翁艺事，刻印第一。邓派嫡传，入安吴室。

亦工书画，未若铁笔。名父之子，雪陶秀出。

辛酉清和，会稽胡宗成

附　吴让之印选

不可磨也

与山间之明月

吴熙载字让之

吴熙载印

寄情于此

岑镕之印

惧盈斋

心不贪荣身不辱

晚学居士

石佛龛

草木有本心

观海者难为水

足吾所好玩而老焉

迟云山馆

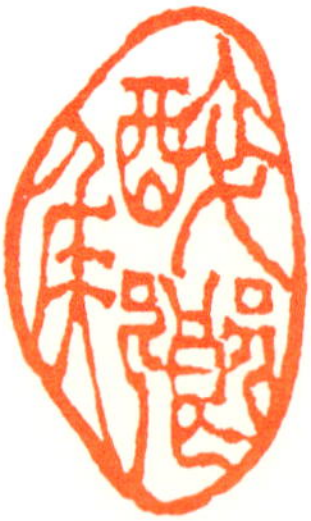

醉乡侯

非见斋印

24 吴咨

吴咨字聖俞武進人少戢穎悟過人從李申耆先生游通六書之学精篆隸鐵筆有續三十五舉適園印印

聖俞少穎　雲谿擢秀

適園之遊　精摹篆籀

庚申春二月印翁胡然

圣俞先生四十六岁小景

吴咨，字圣俞，武进人。少岁颖悟过人，从李申耆先生游。通六书之学，精篆隶铁笔。有《续三十五举》《适园印印》。

圣俞少颖，云溪擢秀。适园之适，精孯篆籀。

庚申春二月，印髯胡然

附　吴咨印选

与晋阮籍刘琨同生年

白云深处是吾庐

人在蓬莱第一峰

铭心绝品神物护持
语铃珍玩得者宝之

寄舫心赏

子贞氏

人间何处有此境

清气应归笔底来

思君令人老

古暨阳

以和

霜毫剪取虬龙势袖里常生泰岱烟

25

钱松

錢松字叔蓋號耐青晚歸西郭外史嘗手橅漢印二千紐趙次閑見之歎曰此丁黃後一人前明文何諸家不及也

錢唐錢外史舉室殉庚申鐵筆今猶在瓊文詎足倫精心妙結撰奇氣鬱輪囷昉漢二千紐丁黃後一人

辛酉四月泉唐茲曾保書

耐青老长玉照

钱松，字叔盖，号耐青，晚号西郭外史。尝手橅汉印二千纽，赵次闲见之，叹曰："此丁黄后一人，前明文何诸家不及也。"

钱唐钱外史，举室殉庚申。铁笔今犹在，琼文讵足伦。

精心妙结撰，奇气郁轮囷。昉汉二千纽，丁黄后一人。

辛酉四月，泉唐武曾保书

附　钱松印选

南宫第一对策第二

余事作诗人

叔盖金石

壬申生

富春胡震伯恐甫印信

字予曰恐

小住西湖

山水方滋

应宝时印

恨不十年读书

杨季仇信印大贵长寿

槜李范守知章

臣堃之印

陆玑之印

石门山人

老夫平生好奇古

话雨轩印宜身至前迫事毋闲愿君自发印信封完

26

徐三庚

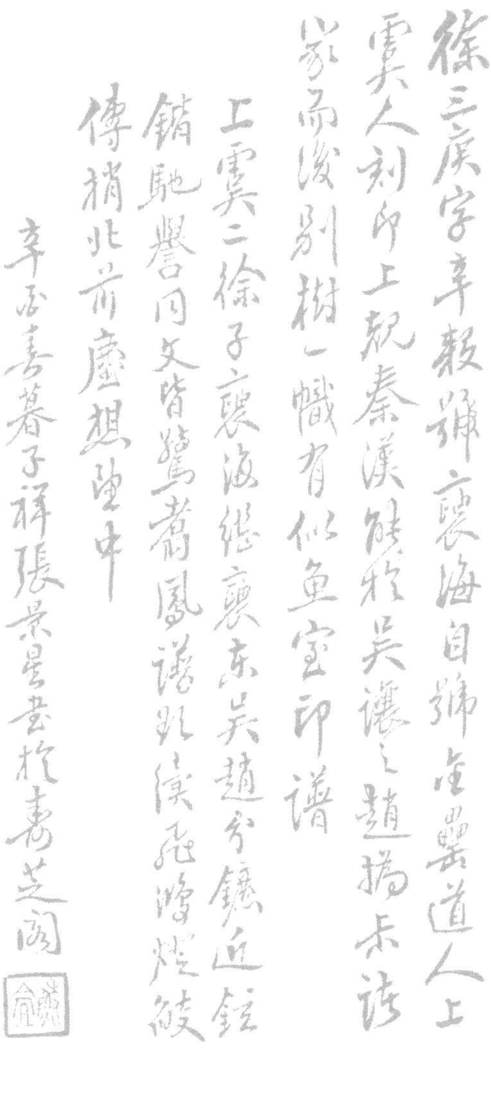
徐三庚字辛穀號褎海自號金罍道人上
虞人刻印上規秦漢能於吳讓之趙撝叔諸
家而後別樹一幟有似魚室印譜
上虞三徐子褎海繼褎東吳趙分鑣迫鈺
鏞馳譽同文皆鸑鷟鳳譜既讀飛騰燦綻
傳捎北前塵想望中
辛丑春暮子祥張景星書於壽芝閣

辛谷先生五十岁小影

徐三庚，字辛谷，号袖海，自号金罍道人，上虞人。刻印上睹秦汉，能于吴让之、赵扐叔诸家而后，别树一帜。有《似鱼室印谱》。

上虞二徐子，袖海继袖东。吴赵分镳近，铉锴驰誉同。

文皆惊翥凤，谱欲续飞鸿。灯焰传捎北，前尘想望中。

辛酉春暮，子祥张景星书于青芝阁

附　徐三庚印选

十砚斋

不好谄人贪客过
惯迟作答爱书来

半日闲人

弢园藏

安且吉兮

有所不为

袖中有东海

高楼风雨感斯文

费以群印

徐三庚印

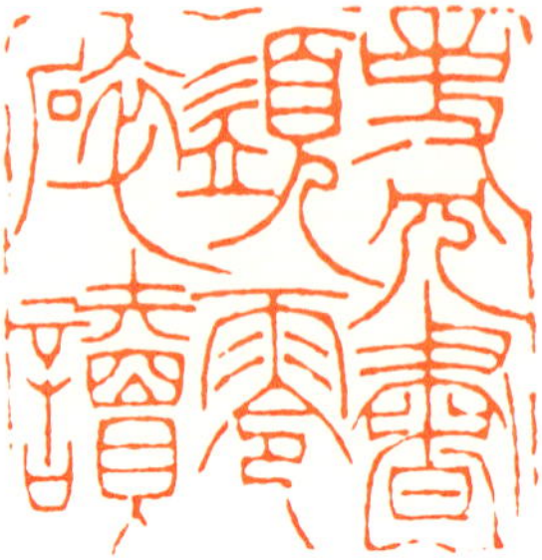

事冗书须零碎读

芙容盦

日有一泉惟买书

27

赵之谦

君諱之謙字益甫會稽人也遭家喪亂
自號悲盦舉孝廉一為南安令祿不
福德遘疾卒官君於學無所不窺故
書雅記丹黃爛然雖在逆旅未嘗去手
性好金石尤善刻印書畫奇逸惟意所
造冥合天矩追籀古蹤君殁十年名益
大顯相與晉輯遺迹以垂久遠銘曰
曲則全枉則直石可爛字不滅

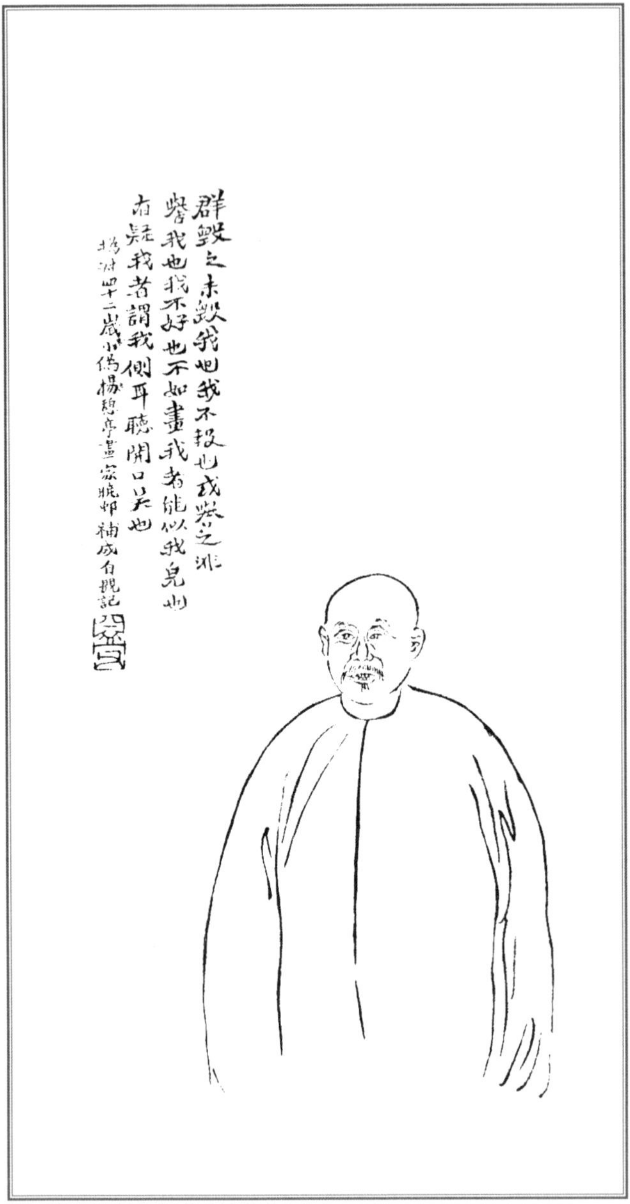
群毀之未毀我也我不報也或譽之非
譽我也我不好也不如畫我者能似我兒也
有疑我者謂我側耳聽開口笑也
拗叔四十二歲小像楊憩亭畫宗曉卿補成自題記

拗叔四十二岁小像

君讳之谦，字益甫，会稽人也。遭家丧乱，自号悲盦。举孝廉，一为南安令，禄不福德，遘疾卒官。君于学无所不窥，故书雅记，丹黄烂然，虽在逆旅，未尝去手。性好金石，尤善刻印。书画奇逸，惟意所造，冥合天矩，追絫古踪。君殁十年，名益大显，相与旮辑遗迹，以垂久远。铭曰：“曲则全，枉则直。石可烂，字不灭。”

悲盦先生书不读秦汉以下，且浵通古籀，而瓦甓瓴甋文字烂熟胸中，故其凿印奇肆跌宕，浙派为之一变，可宝也。

辛酉春仲，吴昌硕时年七十又八

附 赵之谦印选

赵之谦印

锄月山馆

节子所得金石

成性存存

如梦方觉

男儿生不成名身已老

佞宋斋

铁面铁头铁如意

如今是云散雪消花残月阙

为五斗米折腰

释达受

遂闢縣上胡不誦經胡不打坐居先腳來打一日一程

望廬山而飛錫借縣漈而洗塵折不共本來

兩目睜出平生 臨濟居望郡 叶亦題

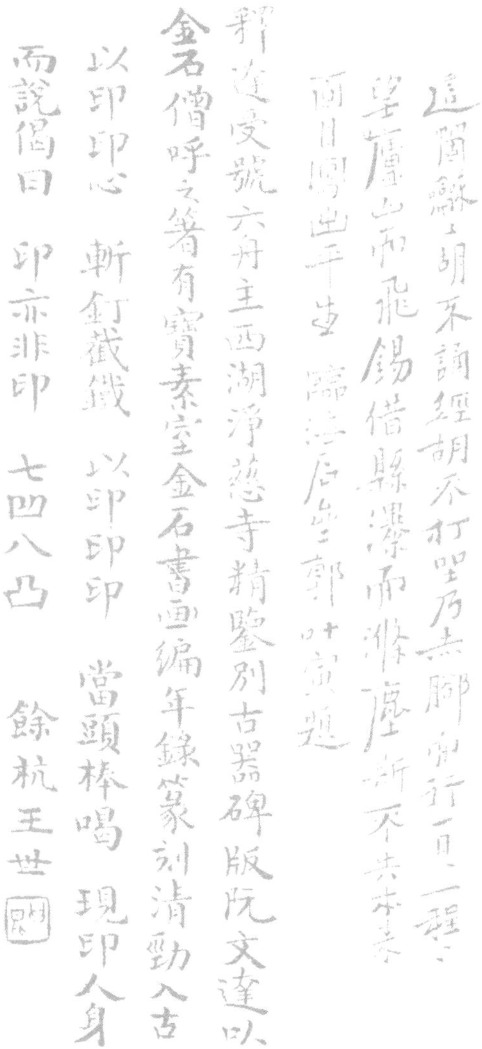

釋達受號六舟主西湖淨慈寺精鑒別古器碑版阮文達以

金石僧呼之箸有寶素室金石書畫編年錄篆刻清勁入古

以印印心 斬釘截鐵 以印印印 當頭棒喝 現印人身

而說偈曰 印亦非印 七四八凸 餘杭王世

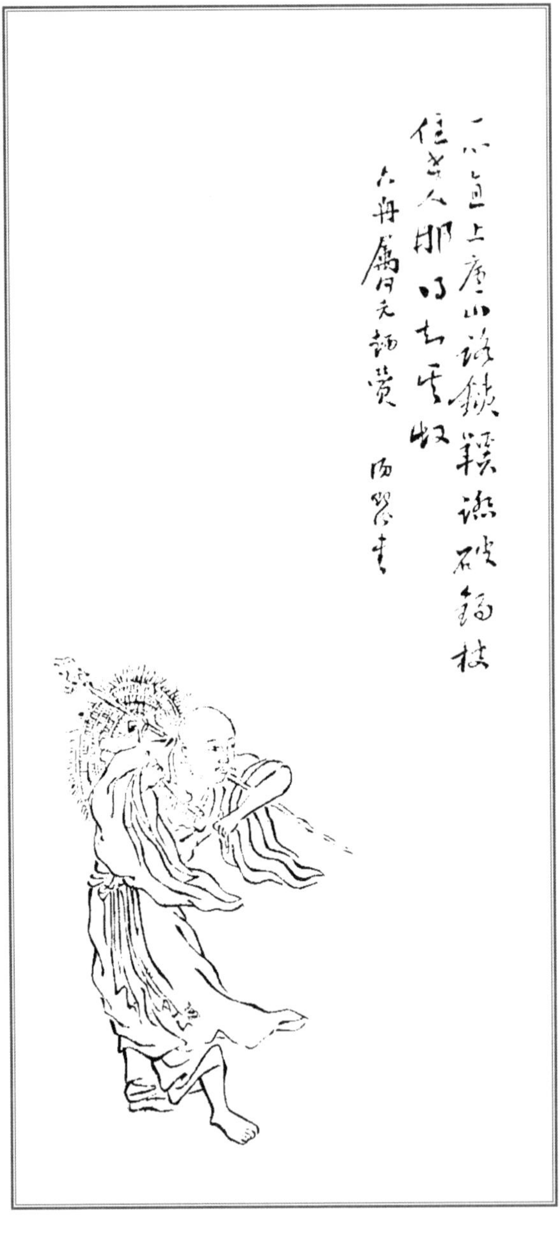

六舟和尚像

这个和上，胡不诵经，胡不打坐，乃赤脚而行，一日日，一程程，望庐山而飞锡，借悬瀑而涤尘，斯不失本来面目，写出平生。

临海石斋郭叶寅题

释达受，号六舟，主西湖净慈寺。精鉴别古器碑版，阮文达以金石僧呼之，著有《宝素室金石书画编年录》。篆刻清劲入古。

以印印心，斩钉截铁。以印印印，当头棒喝。

现印人身，而说偈曰：印亦非印，七凹八凸。

余杭王世

附　释达受印选

家近南宫古墨池

怀米山房所藏

子熙六十以后所作诗画

江南春

西园主人手拓彝器

镜华道人

社香

朱景彝跋

胜清二百余年，精篆刻者，代有闻人，而吾浙称盛，始分派别。印社同人，征集遗象，得二十有八，寿诸贞珉，昭示来兹。自甲寅迄辛酉，八阅星霜，爰克蒇事，瞻先哲之风标，传印林之韵事，诚盛举也。摹象者山阴王云，奏刀者仁和俞逊。鄙人三晋归来，粤观厥成，叶舟老友属为跋尾，欣然书之于后。辛酉新秋，泉唐朱景彝谨跋。

图书在版编目（CIP）数据

印人画像 / 吴隐编. -- 杭州 : 浙江人民美术出版社, 2023.10
（篆刻小丛书）
ISBN 978-7-5340-9264-0

Ⅰ. ①印… Ⅱ. ①吴… Ⅲ. ①画像石—研究—浙江 Ⅳ. ①K879.424

中国国家版本馆CIP数据核字（2023）第185913号

印人画像（篆刻小丛书）

吴　隐　编

责任编辑　罗仕通　杨雨瑶
责任校对　段伟文
封面设计　杨　晶
责任印制　陈柏荣

出版发行　浙江人民美术出版社
地　　址　浙江省杭州市体育场路347号
经　　销　全国各地新华书店
制　　版　浙江大千时代文化传媒有限公司
印　　刷　浙江海虹彩色印务有限公司
开　　本　889mm×1194mm　1/32
印　　张　4.75
字　　数　80千字
版　　次　2023年10月第1版
印　　次　2023年10月第1次印刷
书　　号　ISBN 978-7-5340-9264-0
定　　价　32.00元